정브르

141만 구독자를 보유한 생물 크리에이터. 곤충과 파충류부터 바다생물까지 다양한 생물을 소개하는 참신한 콘텐츠를 선보이며 생물 전문 크리에이터로 큰 사랑을 받고 있답니다. 유튜브 채널에서 동물 사육, 채집, 과학 실험 등의 재미있고 유익한 영상을 소개하고 있으며, 도서와 영화를 통해 고유의 콘텐츠와 더불어 동물을 사랑하는 마음까지 대중에게 알리고 있어요.

1판 1쇄 발행 2025년 4월 29일
1판 3쇄 발행 2025년 8월 25일

발행인 | 심정섭
편집인 | 안예남
편집장 | 최영미
편집자 | 이수진, 박유미
출판마케팅 담당 | 홍성현, 김호현, 신재철
제작 | 정수호

발행처 | (주)서울문화사
등록일 | 1988년 2월 16일
등록번호 | 제 2-484
주소 | 서울특별시 용산구 새창로 221-19
전화 편집 | 02-799-9375 **출판마케팅** | 02-791-0708
본문 구성 | 정다예 **디자인** | 권규빈
인쇄처 | 에스엠그린

ISBN 979-11-7371-414-6
　　　979-11-6438-488-4 (세트)

ⓒ정브르. ⓒSANDBOX NETWORK Inc. ALL RIGHTS RESERVED.

차례

탐구 브르의 거대 생물 탐구 노트-① • 4

1화. 악어도 씹어 먹는 하마의 이빨 청소 • 6
볼수록 귀여운 세상에서 가장 큰 설치류 • 14

2화. 공룡의 후예라 불리는 대형 황새 • 22
동물원에서 만난 똑똑한 대형 새 친구들 • 29
꼬끼오! 세상에서 가장 큰 닭은 누구? • 36

3화. 낚시터에서 발견된 거대 괴물의 정체는? • 44
전설의 괴물 장어를 만나다! • 50
브르, 1m가 넘는 대형 물고기를 잡다! • 57

4화. 사람보다 큰 물고기는 어떻게 옮길까? • 64
상어도 잡아먹는 심해 속 거대 등각류 • 70

| 탐구 | 브르의 거대 생물 탐구 노트-② • 78 |

5화. 거대 유충의 주인공은 누구? • 80
옹기종기 장수말벌 친구들 • 86
브르, 괴물 돈벌레를 맨손으로 잡다! • 92

6화. 초대형 달팽이는 어떻게 키울까? • 100
팔뚝만한 거대 지네를 만나다! • 107

7화. 무엇이든 삼켜 버리는 거대 개구리 • 116
세상에서 가장 긴 뱀은 누구? • 126
공룡처럼 생긴 왕도마뱀 • 132

| 퀴즈 | 알쏭달쏭 나는 누구일까요? • 138 |

정답 • 142

브르의 거대 생물 탐구 노트-①

생물의 크기에 관한 다양한 법칙

생물은 추운 남북극부터 더운 적도 지방, 높은 하늘부터 깊숙한 심해까지 정말 다양한 환경에 살고 있어요. 그만큼 환경에 따른 종의 생김새, 크기 등을 연구하는 학자 또한 많아요.

① 베르그만의 법칙
독일의 생물학자인 카를 베르그만의 주장으로, 같은 종인 항온동물의 경우 추운 지역에 살수록 몸집이 크고 무거워진다는 법칙이에요.
이때, 항온동물이란 포유류, 조류와 같이 주변 온도에 관계없이 항상 일정하고 따뜻한 체온을 유지하는 동물을 말해요. 즉, 추운 지역에 사는 동물은 몸에 있는 열을 유지하기 위해 몸집이 커지는 반면, 더운 지역에 사는 동물은 많은 양의 열을 발산하기 위해 몸집이 작아진다는 거예요. 추운 지역에 사는 북극곰의 몸집이 비교적 더운 곳에 사는 말레이곰보다 큰 것을 예로 들 수 있어요.

② 앨런의 법칙
조엘 아사프 앨런의 주장으로, 추운 지역에 사는 항온동물일수록 몸에 있는 열의 발산 양을 줄이기 위해 몸의 말단 부위(손가락, 코, 귀 등)가 짧아진다는 법칙이에요. 추운 지역에 사는 북극여우의 귀가 더운 지역에 사는 사막여우의 귀보다 짧다는 것을 예로 들 수 있어요.

북극여우

사막여우

심해 생물이 거대한 이유는 무엇일까?

심해란 보통 깊이가 2,000m 이상인 아주 깊은 바닷속을 말해요. 심해에는 빛이 거의 없어서 주변이 잘 안 보여요. 그래서 눈이 퇴화되거나, 스스로 빛을 내는 생물이 살고 있어요. 반대로 주변을 잘 보기 위해서 눈이 최대한 발달된 생물도 있지요.

비슷한 종이어도 심해에 사는 종이 심해에 살지 않는 종보다 크기가 훨씬 큰 현상을 '심해 거대증'이라고 해요. 대표적인 예로 일반 오징어는 몸길이가 50cm 미만이지만, 심해에 서식하는 대왕오징어는 10m가 넘어요. 또한, 육지 등각류에 속하는 공벌레는 약 1~3cm이지만, 심해 등각류인 바티노무스는 최대 60cm가 넘지요.

공벌레

바티노무스

심해 거대증 현상의 원인은 아직까지 정확하게 밝혀지지 않았어요.
심해의 온도가 낮아서 몸집이 커졌다고 주장하는 학자도 있고, 깊은 심해일수록 물속에 녹아 있는 산소량이 많아서 몸집이 커졌다고 주장하는 학자도 있지요. 또한, 심해에는 포식자가 적어서 자연스럽게 심해 생물의 몸집이 커졌다는 주장도 있어요.

이처럼 심해에 관한 생물, 환경, 법칙 등에 대한 내용은 아직까지 확실하게 밝혀지지 않았어요. 그래서 앞으로도 꾸준한 연구가 필요해요.

1화
악어도 씹어 먹는 하마의 이빨 청소

오늘은 거대한 하마를 보러 아쿠아리움에 왔어요!

우아~. 대왕고래 뼈 모형이에요. 대왕고래 몸길이는 30m가 넘는대요.

이곳에는 어떤 친구들이 있을까요?

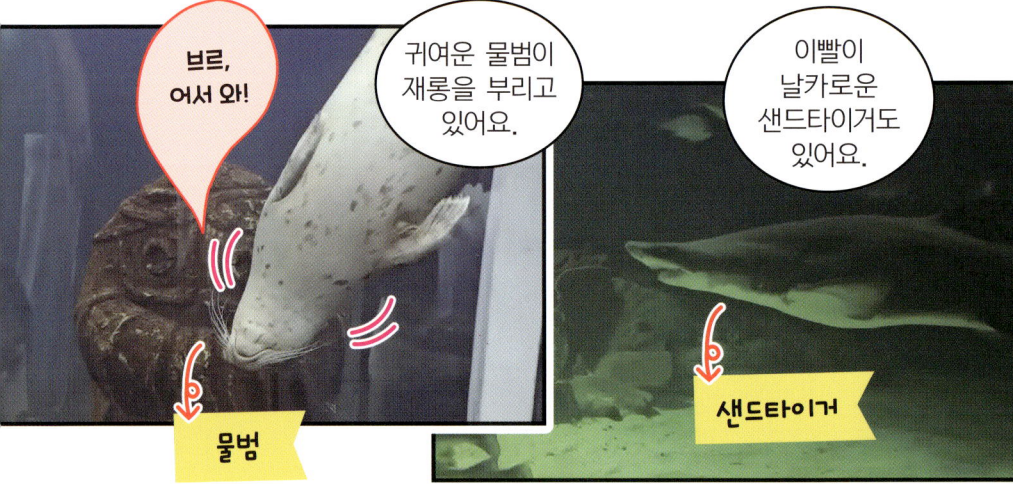

브르, 어서 와!

귀여운 물범이 재롱을 부리고 있어요.

이빨이 날카로운 샌드타이거도 있어요.

물범

샌드타이거

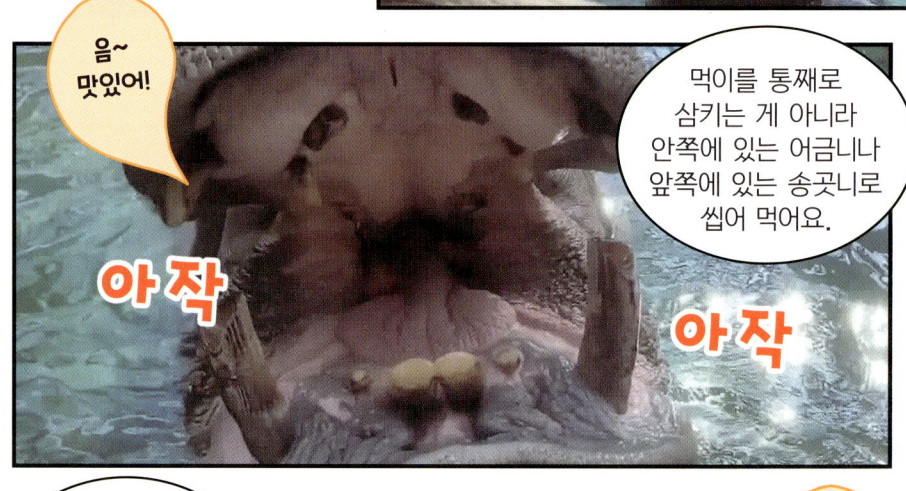

브린이를 위한 상식

하마는 하루에 15시간 이상 물속에서 지내지만, 사실 수영을 하지 못해요. 몸이 무겁기 때문에 물에 뜨지 못해서 항상 바닥을 발로 차면서 걸어 다녀요.

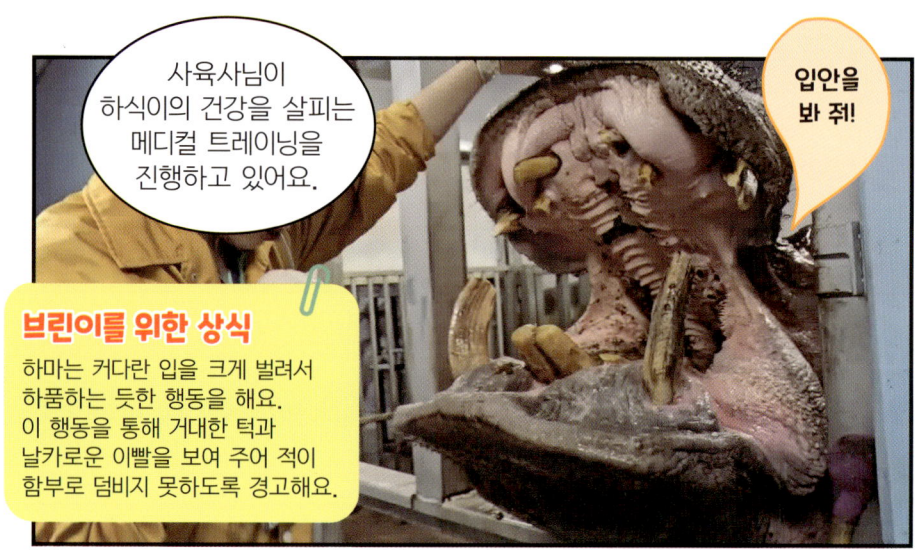

사육사님이 하식이의 건강을 살피는 메디컬 트레이닝을 진행하고 있어요.

입안을 봐 줘!

브린이를 위한 상식
하마는 커다란 입을 크게 벌려서 하품하는 듯한 행동을 해요. 이 행동을 통해 거대한 턱과 날카로운 이빨을 보여 주어 적이 함부로 덤비지 못하도록 경고해요.

하마는 앞쪽 이빨이 평생 자라요. 사육 환경에 있는 하마는 이빨이 너무 많이 자라서 잇몸에 영향을 주는 경우가 있어요.

그래서 하식이도 주기적으로 이빨을 잘라 주고 있대요.

잇몸

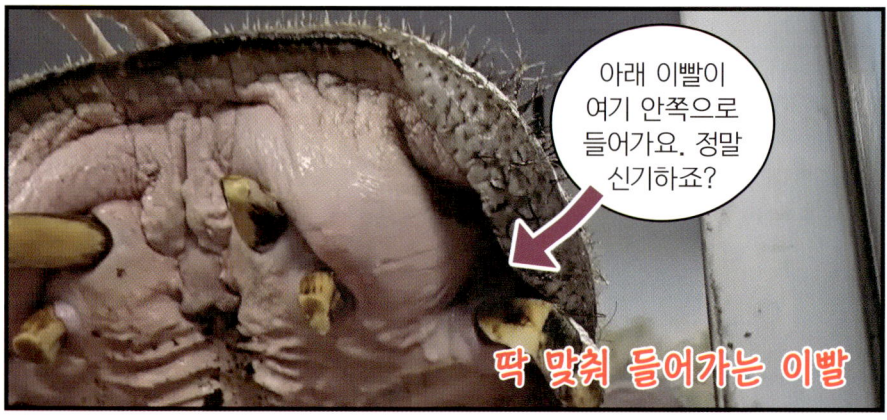

아래 이빨이 여기 안쪽으로 들어가요. 정말 신기하죠?

딱 맞춰 들어가는 이빨

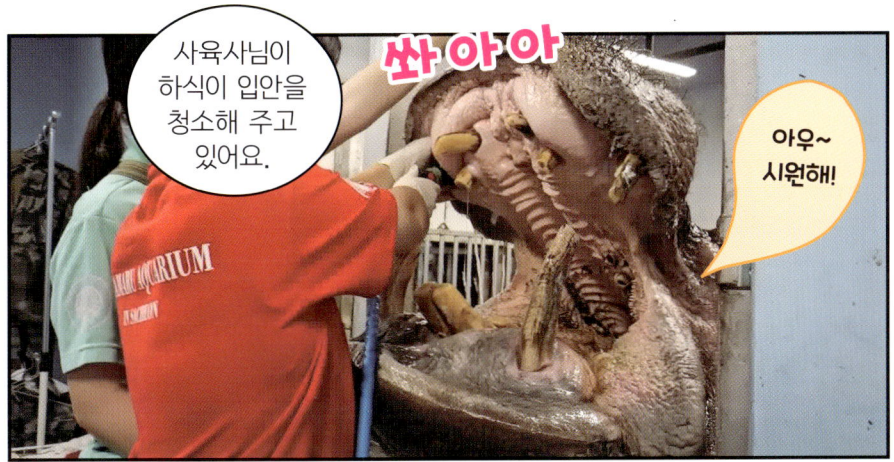

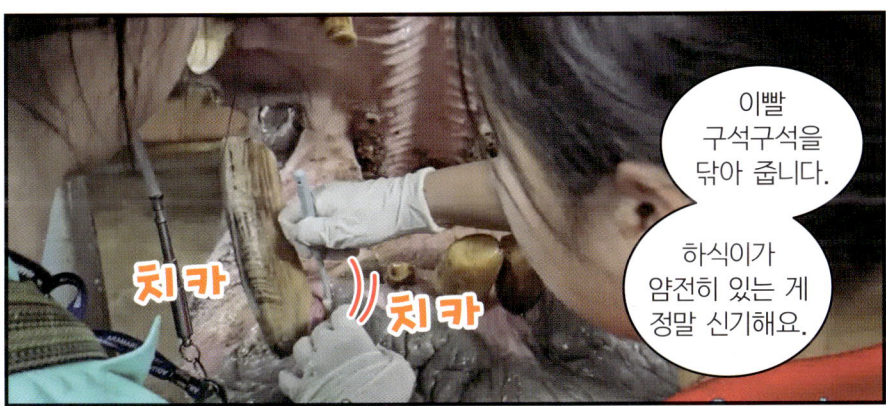

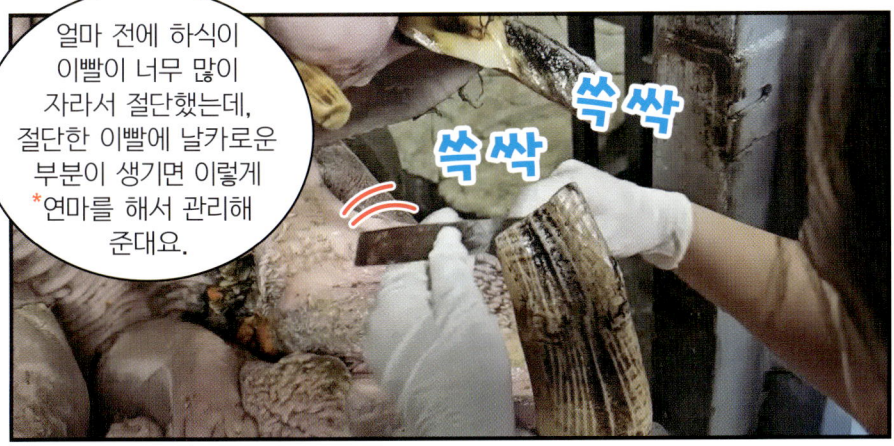

*연마: 물체의 거칠거나 튀어나온 부분을 갈아서 고르고 매끈하게 만드는 것.

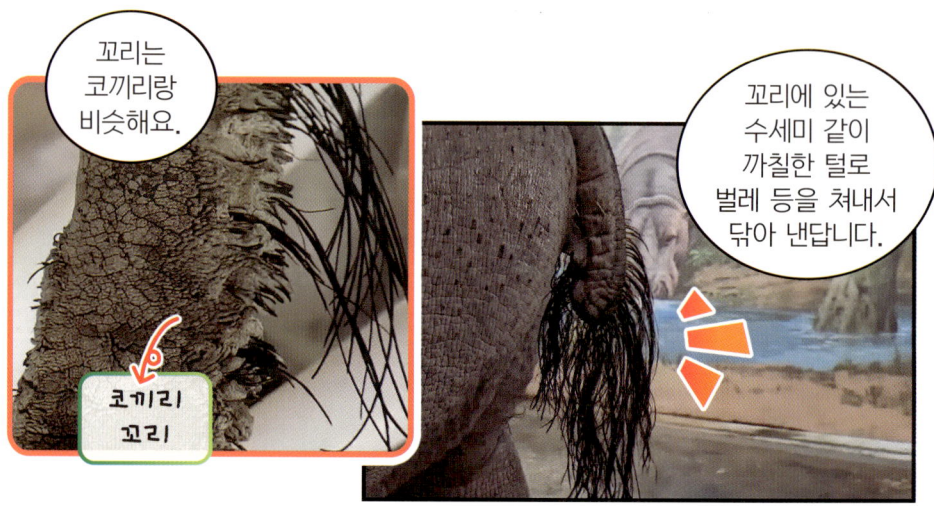

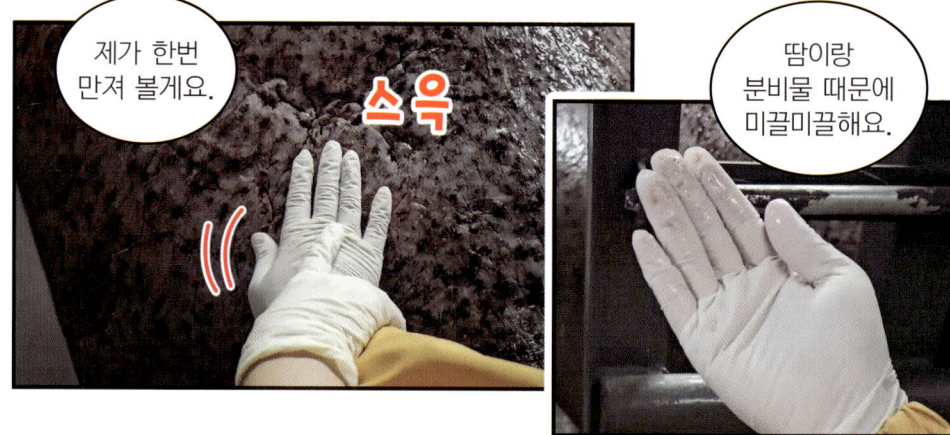

"내 분비물은 아주 중요한 역할을 한다고!"

브린이를 위한 상식
하마는 몸에서 땀과 비슷한 붉은색의 분비물이 나와요. 이 분비물은 자외선으로부터 하마의 피부를 보호해 주고, 하마의 몸에 상처가 났을 때 세균에 의한 감염을 막아 준답니다.

"얼굴에 털이 굉장히 많아요."

"하마는 입이 150도까지 벌어지는데, 입을 크게 벌리기 위해서 볼 옆에 있는 살이 쫙 늘어나요."

"대부분의 수컷 하마는 3~4t까지 자라요."

"사육 환경에 있는 하마는 적정 체중을 기준으로 잡고, 살이 찌면 다이어트를 하고, 살이 빠지면 맛있는 먹이를 더 먹으면서 체중 관리를 해요."

"건강이 제일 중요해!"

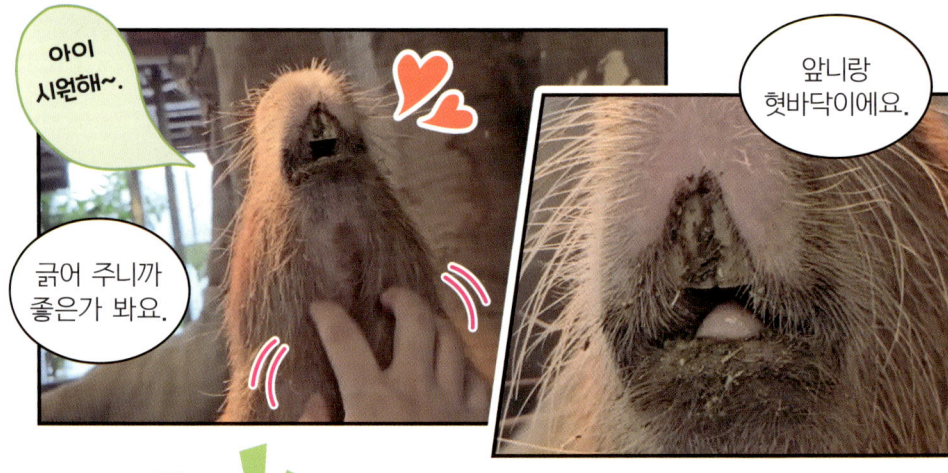

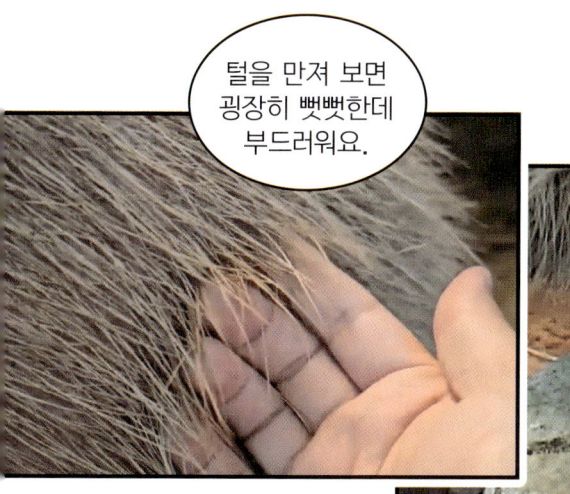

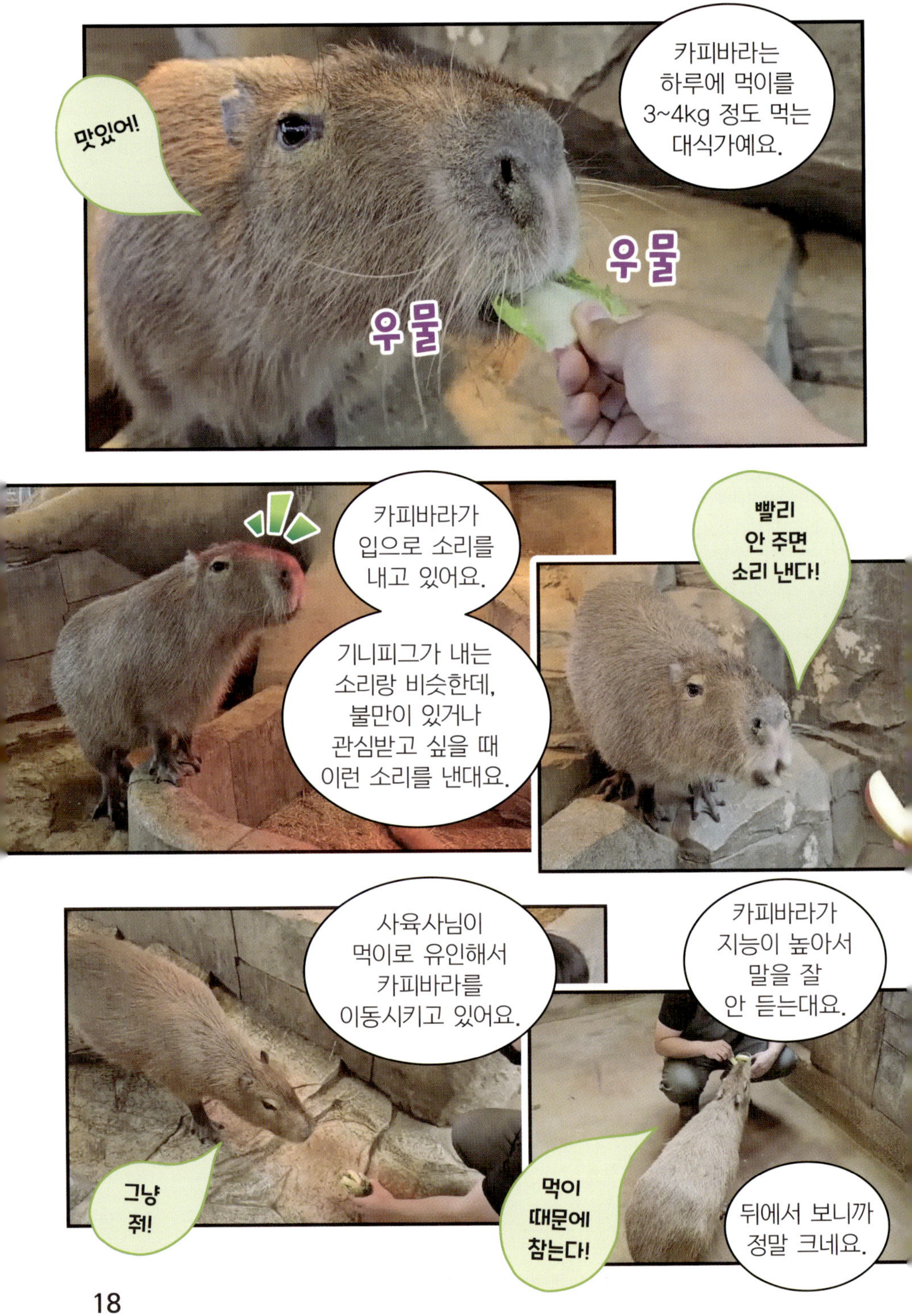

정브르의 생물 탐구

사람은 포유류 중에서 영장목 사람상과에 속해요. 영장목에는 오랑우탄, 고릴라, 침팬지 등 사람과 비슷한 동물이 있어요.

★정브르의 생물 탐구★

생물 이름: 고릴라

고릴라는 영장목 중에서 가장 큰 종으로, 수컷이 암컷보다 커요. 일부다처제로, 여러 마리가 모여 무리를 형성하고 수컷 한 마리가 무리를 이끌지요.

- 크기: 평균 150~180cm
- 먹이: 버섯, 셀러리 등
- 사는 곳: 열대 산림지대

영상으로 확인해 봐요!

★유인원이란 무엇일까?★

오랑우탄, 고릴라, 침팬지 등의 유인원은 사람과 같은 영장목 사람상과에 속해요. 그래서 사람과 비슷한 점이 많지요.
일반적으로 영장목에 속하는 원숭이는 꼬리가 있지만, 유인원은 사람처럼 꼬리가 없어요.

또한, 유인원은 다른 포유류보다 뇌가 크고, 치아와 두개골의 구조가 사람과 비슷해요.
특히, 침팬지는 사람과 DNA가 98% 이상 일치할 만큼 비슷해요.

원숭이
침팬지

2화
공룡의 후예라 불리는 대형 황새

오늘은 부리가 넓적한 대형 황새를 만날 거예요!

귀여운 물범을 먼저 만나 볼게요.

이 친구는 아직 새끼인 조이라는 친구예요.

물범

둥실

둥실

안녕?

물범은 먹이로 청어, 고등어, 꽁치를 주로 먹는데,

입이 작은 새끼에게는 크기가 작은 먹이를 준대요.

크기가 다른 먹이!

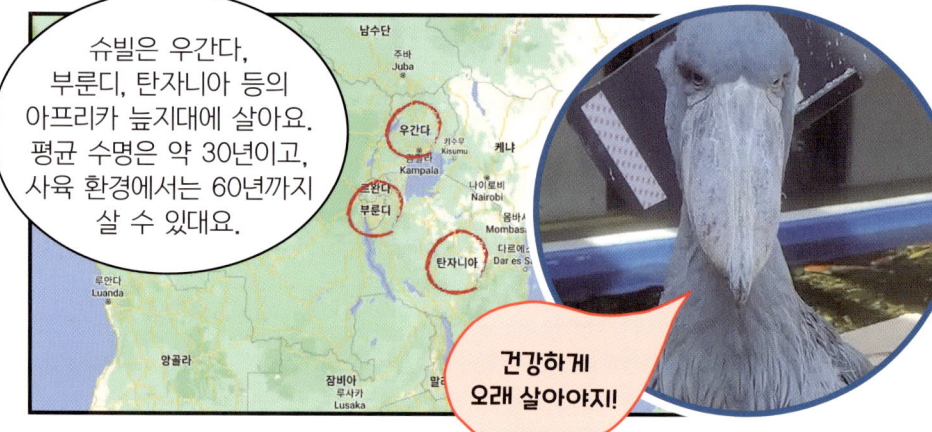

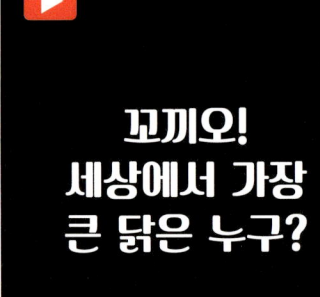

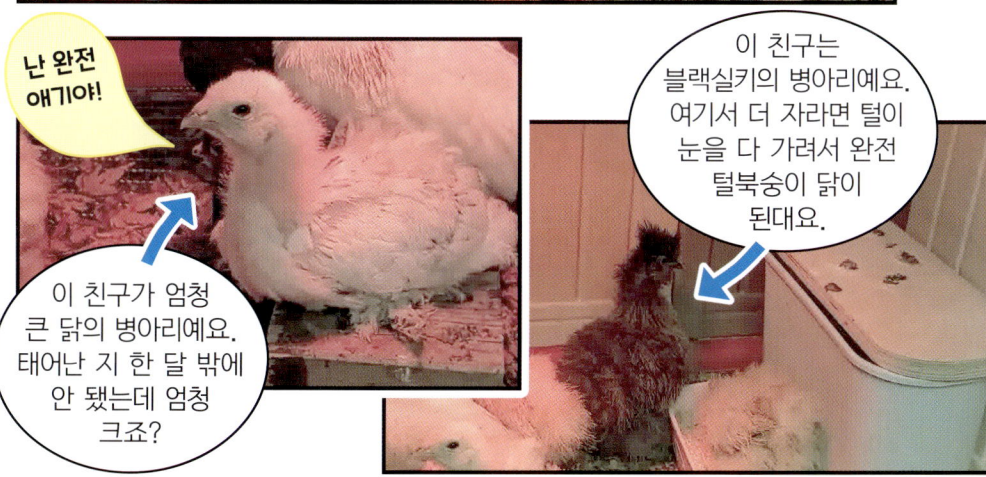

브린이를 위한 상식

보통 닭이 1~1.5kg인 반면, 브라마닭은 평균 4~5kg으로 거대한 몸집을 자랑해요. 더위보다 추위를 잘 견디며, 온순하고 차분하여 사람이 다가가도 요란하게 도망가지 않아요.

우아, 닭 중에서 가장 큰 브라마닭이에요!

안녕?

브라마닭

최대 8kg까지 커지는, 가장 큰 닭의 품종이에요.

이 친구는 아직 다 큰 성조가 아니에요. 8개월 정도 된 아기랍니다.

크려면 멀었어!

몸집이 크다 보니까 조금 둔한 편이에요.

둔하다니!

정브르의 생물 탐구

맹금류는 부리와 발톱이 날카로운 육식성 조류예요.
독수리, 매, 부엉이, 올빼미 등이 대표적인 맹금류지요.

★정브르의 생물 탐구

생물 이름: 독수리

우리나라 천연기념물로, 수리과에 속하는 대형 조류예요.
나뭇가지나 바위 위에 둥지를 틀고 생활하며, 강해 보이지만 사냥 능력이 없어서 주로 죽은 동물을 먹어요.

- 크기: 약 90~120cm
- 먹이: 동물의 사체
- 사는 곳: 바위로 된 산, 삼림 등

영상으로 확인해 봐요!

★사람보다 시력이 좋은 동물, 맹금류★

맹금류는 시력이 좋다는 특징이 있어요. 사람보다 월등히 높은 시력을 가져서 눈썰미가 날카로운 사람을 가리켜 '매의 눈'을 가졌다고 표현하기도 하지요.

주로 밤에 활동하는 올빼미는 야간 시력도 뛰어나요. 아주 적은 양의 빛으로도 주변 물체를 감지할 수 있는 대단한 동물이랍니다.

매

올빼미

3화
낚시터에서 발견된 거대 괴물의 정체는?

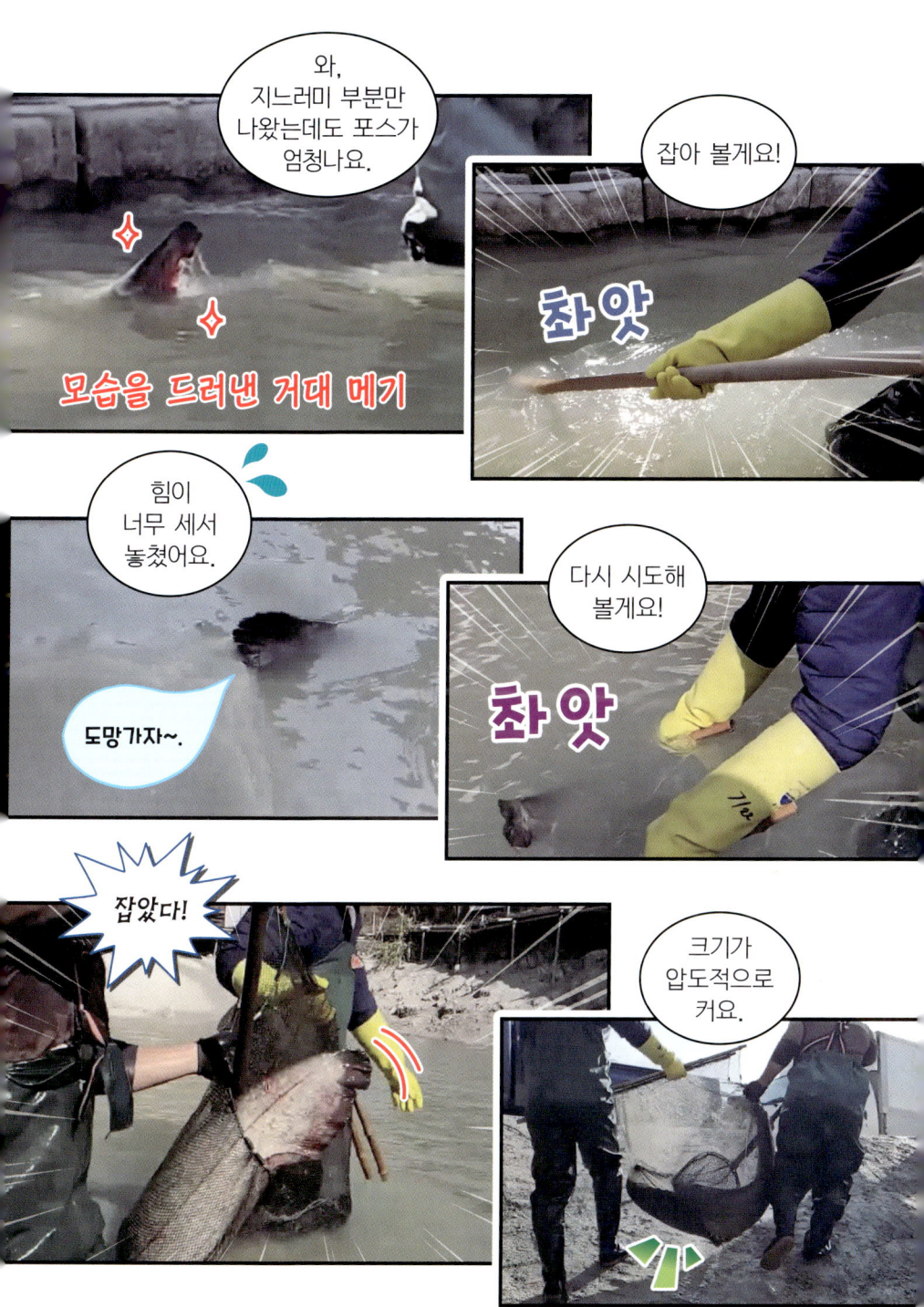

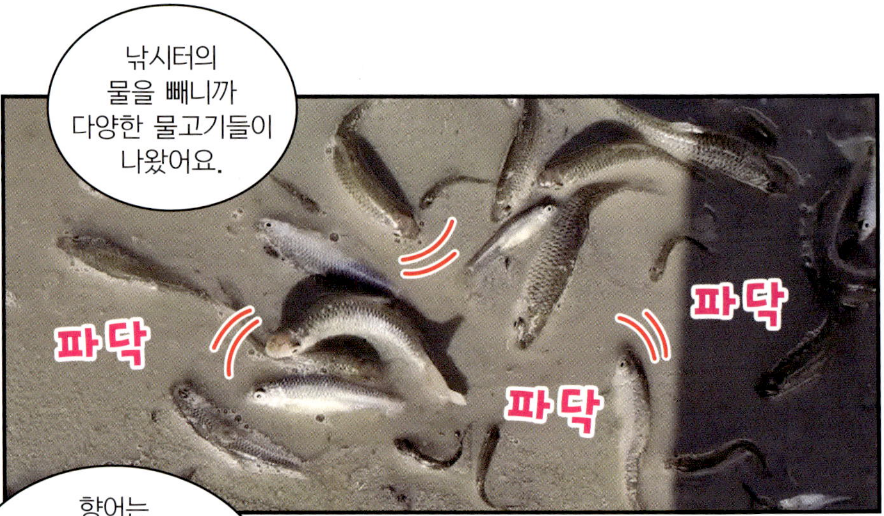

브린이를 위한 상식
맹그로브 크랩은 주로 동남아시아, 남아메리카 등에 서식하며, 이름처럼 맹그로브 숲에서 자주 발견돼요. 잡식성 생물로, 맹그로브 잎이나 다른 생물의 사체, 물고기 등을 먹으며 살아가요.

브린이를 위한 상식

무태장어는 최대 2m 넘게 자라는 거대한 물고기예요. 약 5~8년간 민물에서 서식하다가 산란할 때가 되면 바다로 돌아가요. 그리고 산란한 후에 다시 민물로 돌아오지요.

쏴 아 아

작은 폭포도 오르는 무태장어

무태장어는 보통 민물에서 살다가 태평양에 가서 산란을 하고 온다고 알려져 있어요.

물살을 거슬러 올라가는 경향이 있어서 저희도 상류 쪽으로 가고 있어요.

무태장어예요! 육지 쪽에 있어요!

잡았다!

촤 앗

우리나라 무태장어는 1978년에 천연기념물로 지정되었다가 2009년에 해제되었어요.

천연기념물은 아니지만, 천연기념물인 제주도의 천지연폭포에 살고 있어서 쉽게 볼 수 없어요.

무태장어

쳇! 잡히다니!

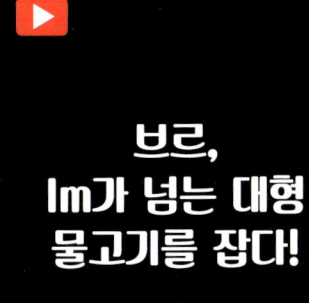

브르,
1m가 넘는 대형
물고기를 잡다!

오늘은 북한이랑 굉장히 가까운 임진강에 왔어요.

여기가 진짜 넓은데, 다양한 어종이 나온대요.

황복이라는 복어도 거슬러 올라와 산란을 한답니다.

브린이를 위한 상식
임진강은 한반도 중부를 거치는 강으로, 북한에서 시작해 남한에서 바다와 만나요. 이러한 지형적 특성으로 인해 임진왜란, 6·25 전쟁 등의 배경이 된 곳이기도 하지요.

다양한 물고기들의 서식지, 임진강!

미리 넣어 놓은 각망을 걷어 볼게요.

촤앗

각망

파닥

각망에 어떤 생물이 잡혔을까요?

파닥

브린이를 위한 상식

초어는 풀을 먹는 물고기라는 뜻으로, 풀이나 수초를 먹으며 살아가요. 중국을 중심으로 동아시아에 분포하며, 하천에 방류된 초어가 수초를 대량으로 먹어치우는 바람에 생태계 혼란을 일으키기도 해요.

잉어를 닮은 비늘과 생김새

정브르의 생물 탐구

동물은 종에 따라 각기 다른 호흡법을 사용해요.
폐 호흡, 아가미 호흡, 피부 호흡 등 그 종류도 다양하지요.

★정브르의 생물 탐구★

생물 이름: 가물치

가물치는 민물에 서식하는 물고기 중에서 큰 편에 속해요. 아가미 호흡과 공기 호흡을 모두 할 수 있지요. 새끼 때는 주로 물벼룩을 먹지만, 성장하면 동족까지 공격하는 포식자가 돼요.

- 크기: 최대 1m
- 먹이: 양서류, 갑각류, 어류 등
- 사는 곳: 저수지, 늪지 등

영상으로 확인해 봐요!

★동물의 다양한 호흡법★

사람을 비롯한 대부분의 포유류가 폐 호흡을 해요. 돌고래는 포유류이면서 물속에 서식하기 때문에 물 위로 올라와 폐 호흡을 하지요.

반면에 어류, 갑각류, 연체동물 등은 주로 아가미로 호흡해요. 특이하게도 양서류인 개구리는 올챙이 때 아가미 호흡을 하지만, 성장한 후에는 폐 호흡과 피부 호흡을 모두 할 수 있어요.

돌고래 →

← 개구리

4화
사람보다 큰 물고기는 어떻게 옮길까?

오늘은 거대한 물고기를 어떻게 옮기는지 보러 갈게요.

아쿠아리움이나 박물관에 가면 엄청 큰 물고기를 볼 수 있는데요. 오늘은 그런 대형어를 어떻게 옮기는지 보러 왔어요.

대형 물고기를 옮기는 걸 볼 수 있는 곳!

귀엽고 멋진 친구들이 많이 있네요!

아홀로틀

내가 조금 멋있지?

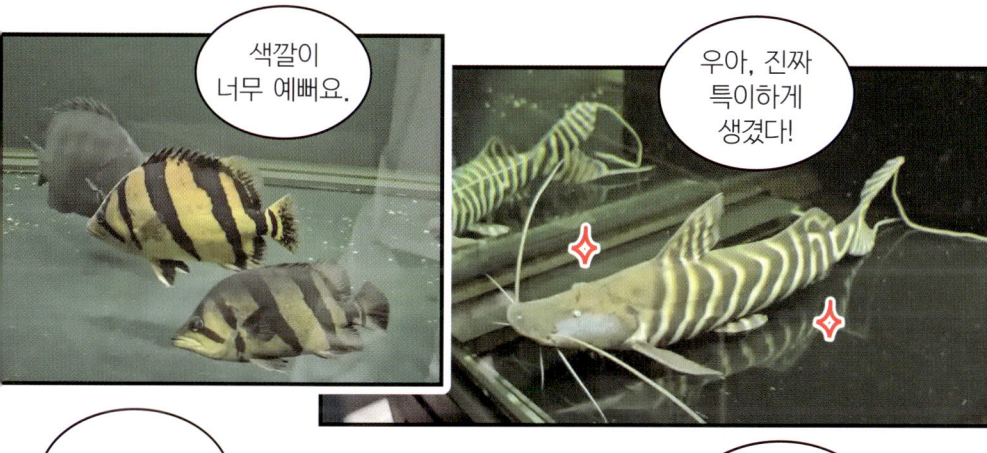

오늘의 주인공 피라루쿠예요!

오늘 이 친구들을 다른 수조로 옮길 거예요.

브르 안녕!

피라루쿠

브린이를 위한 상식
피라루쿠는 거대한 몸집을 자랑하는 민물고기로, 평균 몸길이가 약 1.5~2.5m이며, 최대 몸길이는 약 5m예요. 아마존강에 서식하고, 물 밖으로 머리를 내밀어 공기 호흡을 해요.

대형어는 포장해서 옮기는데, 장거리일 경우 약간의 물과 산소를 넣은 대형 봉지에 포장을 하고,

1시간 이내의 단거리일 경우에는 이동장에 물을 넣은 채 그대로 옮긴대요.

우리 어디가?

오늘은 이동장으로 옮겨 줄 거예요.

피라루쿠를 옮기기 위해서 먼저 수조의 물을 뺄 거예요.

그리고 펜스를 제거해 줍니다.

피라루쿠가 점프를 하면 수조 천장의 유리가 깨져서 펜스로 막아놨대요.

펜스

엄청난 점프력!

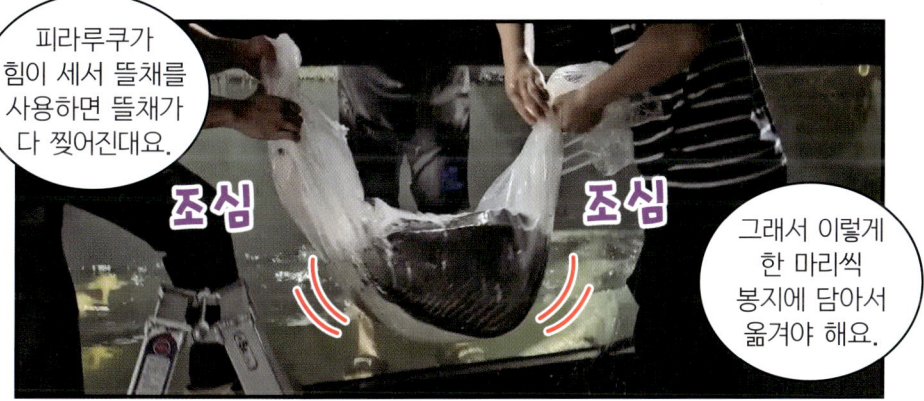

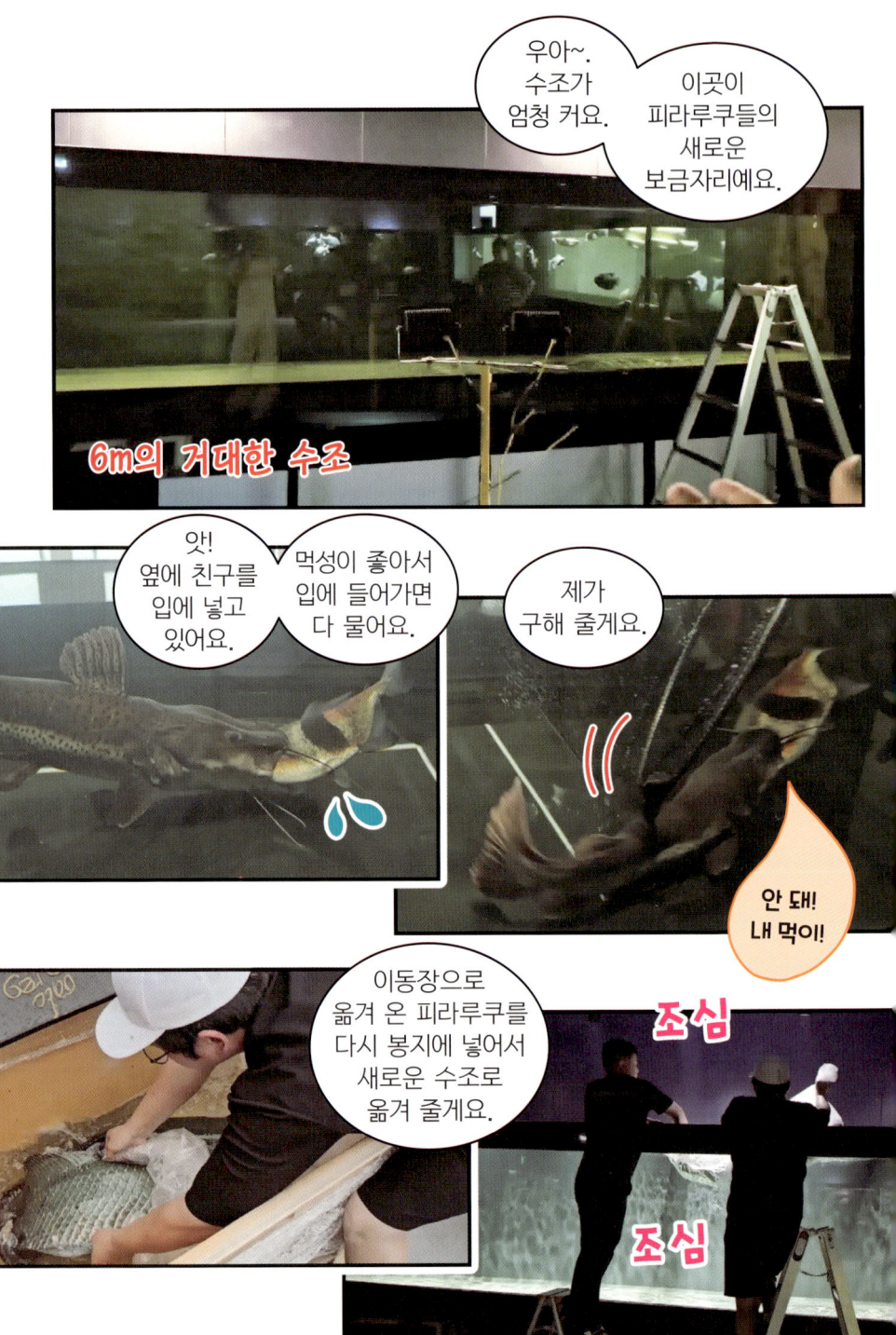

음! 집이 넓어졌군!

수조가 커서 피라루쿠가 작아 보이는데, 실제로 보면 엄청 커요.

브린이를 위한 상식

물고기를 키울 때는 물고기의 크기와 수에 맞는 어항을 준비하는 게 중요해요. 그 외에도 물고기가 건강하게 생활할 수 있도록 여과기나 바닥재 등을 준비하는 게 좋아요.

이곳의 수조는 유리 두께가 2cm가 넘는대요.

조명을 쬐니까 피라루쿠 몸이 청동빛을 띠고, 머리 쪽에는 살짝 구릿빛이 도네요.

찰랑

우아, 피라루쿠가 호흡했어요.

정말 멋있죠?

브린이를 위한 상식
절지동물의 한 종류인 등각류에는 갯강구, 쥐며느리 등이 있어요. 바티노무스 기간테우스는 등각류 중에서도 거대한 종으로, 60cm 이상까지 자랄 수 있어요.

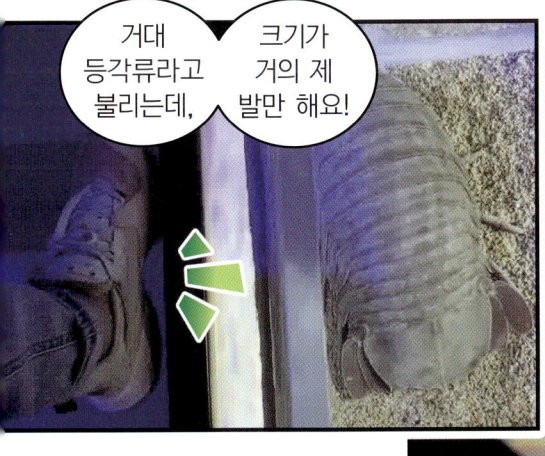

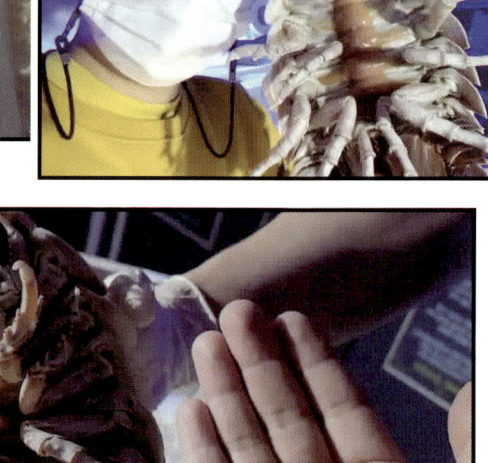

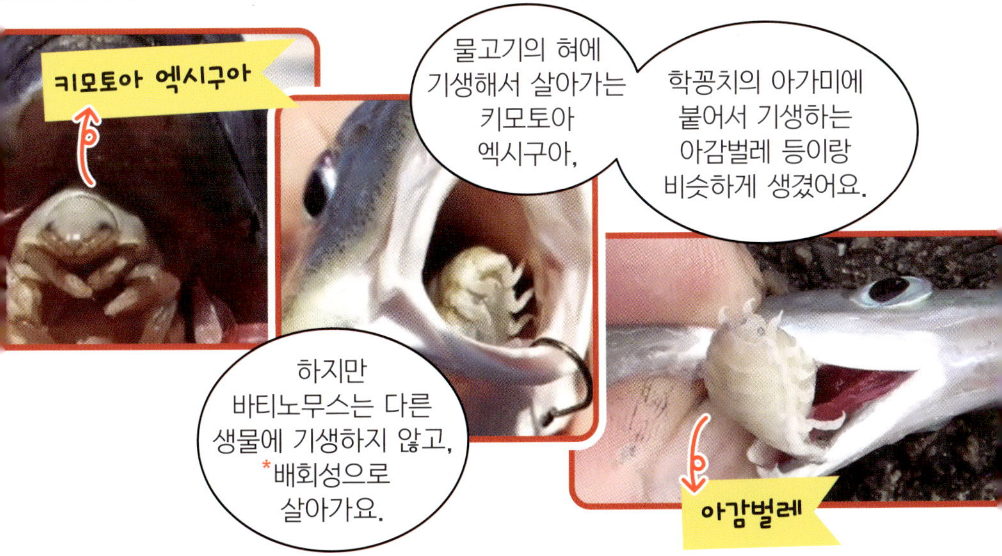

*배회성: 어떤 곳을 중심으로 이리저리 돌아다니는 것.

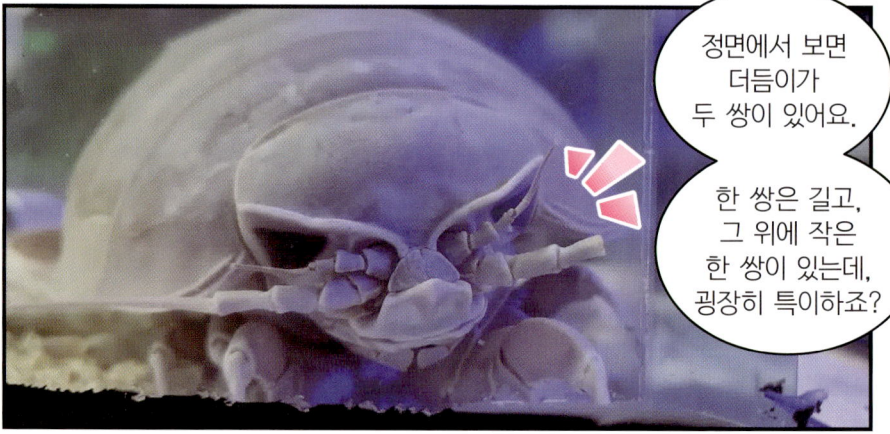

정면에서 보면 더듬이가 두 쌍이 있어요.

한 쌍은 길고, 그 위에 작은 한 쌍이 있는데, 굉장히 특이하죠?

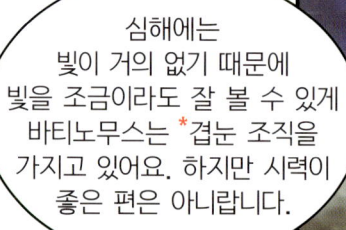

심해에는 빛이 거의 없기 때문에 빛을 조금이라도 잘 볼 수 있게 바티노무스는 *겹눈 조직을 가지고 있어요. 하지만 시력이 좋은 편은 아니랍니다.

잘 안 보여!

브린이를 위한 상식

심해는 우리가 사는 지상보다 빛이 부족해요. 그래서 심해에 사는 생물은 주변을 조금이라도 잘 보기 위해 눈이 발달되었거나, 아예 퇴화된 경우가 많지요. 또한 먹잇감을 유인하거나 서로 소통하기 위한 수단으로 몸에서 빛을 내기도 해요.

이 개체는 눈이 하나가 없네요. 탈피 후 복구가 되길 바라봅니다.

*겹눈: 홑눈(짝을 이루지 않은 하나의 눈)이 벌집 모양으로 여러 개 모인 눈.

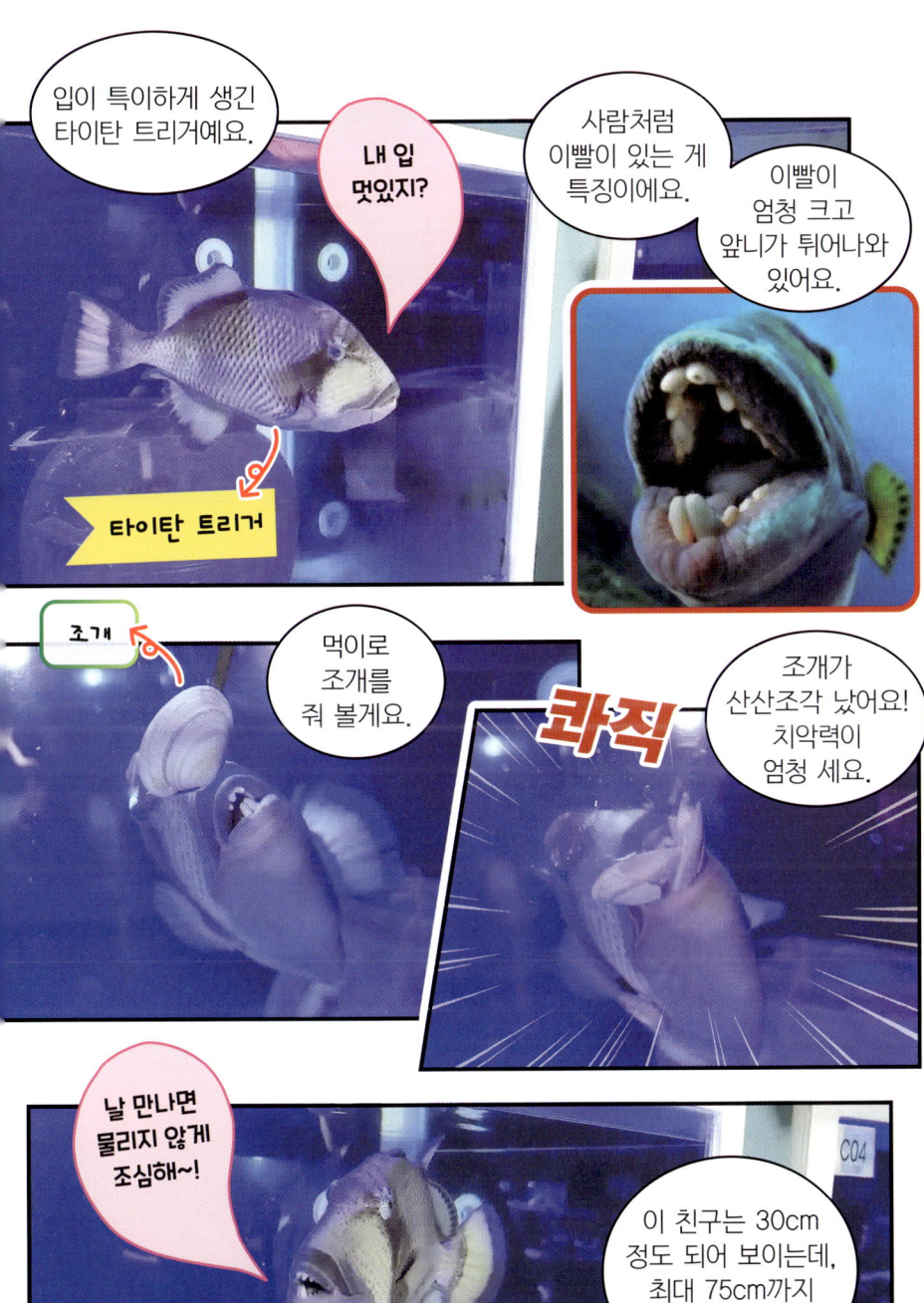

정브르의 생물 탐구

조개는 연체동물문 이미패강에 속하며,
패각이라 불리는 단단한 껍데기로 몸을 보호하며 살아가요.

★정브르의 생물 탐구★

생물 이름: 대왕조개

대왕조개는 조개 중에서 가장 크며, 무게가 약 200kg이에요. 패각을 다 닫지 못할 정도로 거대하지요. 서식지가 감소해서 멸종위기종으로 지정되었어요.

· 크기: 약 120cm
· 먹이: 공생조류
· 사는 곳: 얕은 바다의 산호초 지대

영상으로 확인해 봐요!

★공생조류란 무엇일까?★

물속에는 광합성으로 영양분을 얻는 다양한 식물이 있어요. 그중에서도 다른 동식물의 몸속에서 서로 공생하며 살아가는 식물을 공생조류라고 해요.

대왕조개는 패각을 열어 공생조류가 광합성을 할 수 있도록 돕고, 공생조류는 대왕조개에 영양분을 공급해 주며 살아가요. 산호도 공생조류와 함께 살아가지요.

대왕조개

산호

브르의 거대 생물 탐구 노트-②

지구의 거대한 육지 생물

생물 이름: 아프리카코끼리

현재 지구에 서식하는 육지 생물 중 가장 커요. 몸길이 최대 7.5m, 몸무게 평균 6t이라는 거대한 몸집을 자랑하지요. 주로 열매, 나뭇잎, 나뭇가지 등을 먹고, 성체 기준 하루에 150kg 이상을 먹어요.

지구에 살고 있는 조류 중 가장 거대한 동물이에요. 수컷은 평균 키가 2.1m로, 보통 사람보다 커요. 날개가 퇴화하여 날지 못하는 대신 다리가 발달해서 최대 시속 70~80km로 달릴 수 있어요.

생물 이름: 타조

생물 이름: 코모도왕도마뱀

세계에서 가장 큰 도마뱀으로, 몸길이가 3m 이상인 개체도 있어요. 새끼 때는 포식자를 피해 나무 위에서 생활하며, 성체가 되면 땅으로 내려와서 지내요. 직접 굴을 파고 햇빛을 피해 굴 속에서 쉬기도 해요.

지구의 거대한 바다 생물

'흰수염고래'라고도 불리며, 지구상의 모든 생물을 통틀어 가장 거대해요. 최대 몸길이 33m, 몸무게 약 200t으로 아파트와 비교하면 10층이 넘는 길이예요. 주 먹이는 크릴이며, 하루에 무려 4t이 넘는 양을 먹는다고 해요.

생물 이름: 대왕고래

생물 이름: 고래상어

평균 몸길이 12m로, 지구에 살고 있는 어류 중 가장 거대해요. 따뜻한 열대 및 온대 지역의 바다에 서식하며, 플랑크톤이나 작은 물고기 등을 먹으며 살아가요. 몸집에 비해 온순하며, 사람을 먼저 공격하지 않아요.

지구상에서 가장 큰 양서류로, 특히 중국장수도롱뇽과 일본장수도롱뇽이 큰 편에 속해요. 주로 주름진 피부를 통해 호흡하며, 눈이 퇴화되어 코 끝에 있는 울퉁불퉁한 감각절로 주변 환경을 감지해서 먹이를 찾아요.

생물 이름: 장수도롱뇽

5화 거대 유충의 주인공은 누구?

오늘은 거대한 유충을 채집하러 왔어요!

이곳은 톱밥을 생산하고 폐톱밥을 많이 모아 놓은 장소예요.

깔판을 들어 올리니까 지렁이가 정말 많아요. 지렁이가 땅을 곱게 해 준대요.

꿈틀 꿈틀

흙처럼 보이지만, 흙이 아니라 다 톱밥이에요.

푸욱

톱밥

브린이를 위한 상식

톱밥은 나무를 가공할 때 나오는 가루예요. 보통 곤충을 키울 때는 톱밥에 영양분을 포함하여 발효시킨 발효톱밥을 사용해요. 발효톱밥이 곤충의 먹이, 은신처 등의 다양한 역할을 하기 때문에 곤충을 키울 때 활용하면 좋아요.

생톱밥을 바닥에 뿌려 놓았는데, 비를 맞고 시간이 지나면서 색이 변하고, 부드러워졌어요.

우리나라에는 장수풍뎅이가 3종류 있어요. 외뿔장수풍뎅이, 둥글장수풍뎅이, 그냥 장수풍뎅이.

외뿔장수풍뎅이

둥글장수풍뎅이는 바닷가 근처에서 볏과 식물을 먹으며 살아가요. 깊은 산에서 보기 힘들고, 크기도 생각보다 작죠.

둥글장수풍뎅이

필리핀에는 기데온장수풍뎅이가 있는데, 농작물 뿌리를 다 갉아 먹어서 한때 해충으로 지정됐어요.

기데온장수풍뎅이

장수풍뎅이는 번식을 많이 해요. 집에서 키울 경우에도 90% 이상의 확률로 산란을 할 거예요.

산란 양이 거의 수십 개에서 수백 개라는 점을 감안하고 키워야 해요.

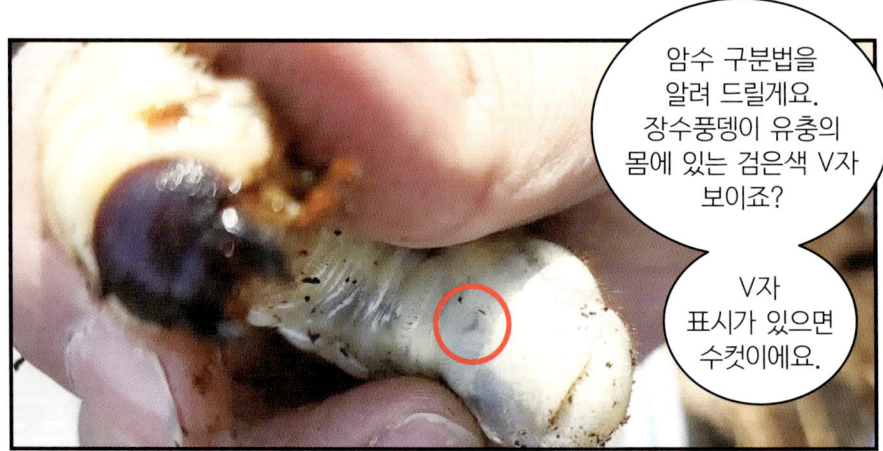

*두각: 짐승의 머리에 있는 뿔.
*등갑: 거북과 같은 동물의 등껍데기나 등딱지.

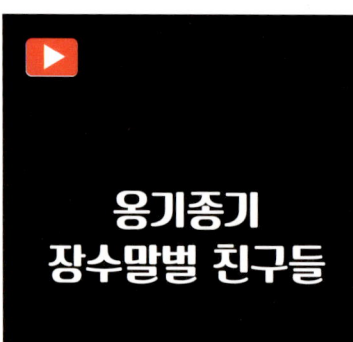

*고치: 벌레가 실을 내어 지은 집. 곤충의 알, 애벌레, 번데기를 보호함.
*군체: 같은 종류의 개체가 모여서 공통의 몸을 조직하여 살아가는 집단.

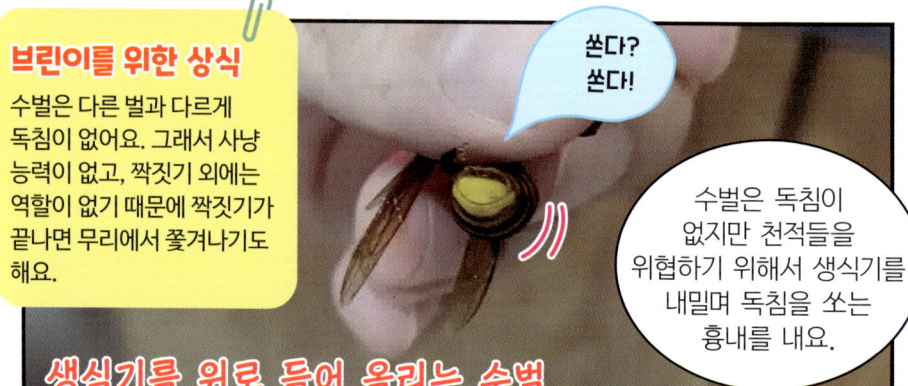

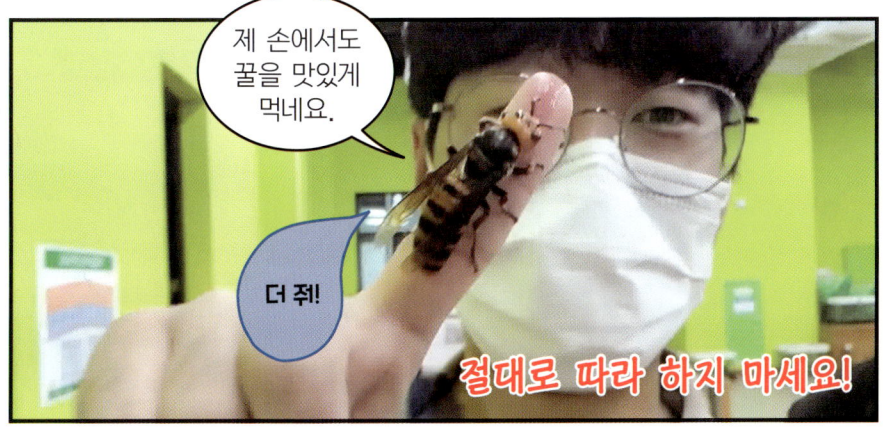

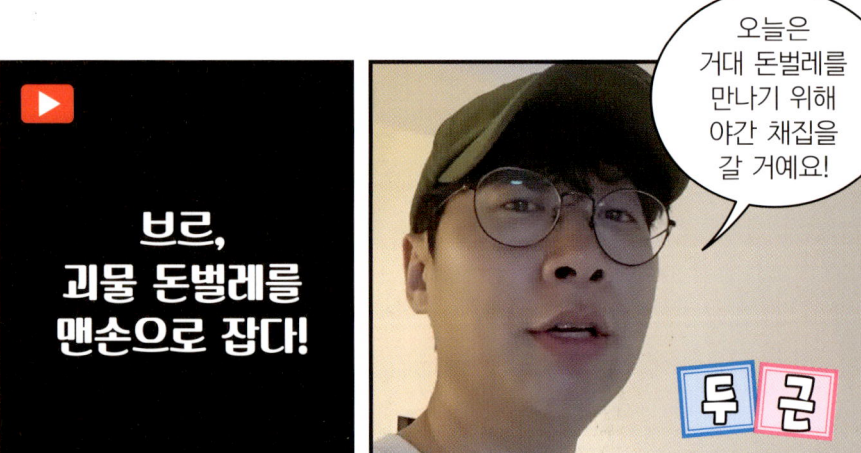

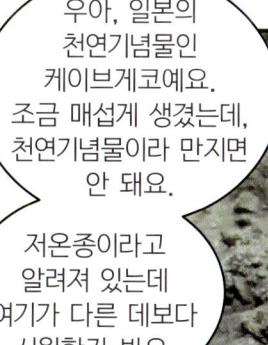

브린이를 위한 상식

일본 케이브게코는 일본의 고유종으로, 오키나와 제도의 여러 섬에서 서식해요. 주로 동굴 근처, 돌 사이의 틈 등 어두운 장소에서 생활하며, 야행성으로 밤에 활동해요.

정브르의 생물 탐구

천연기념물이란 국가에서 지정하여 보호하는 자연유산으로, 동식물뿐만 아니라 서식지, 지형 등이 포함되어 있어요.

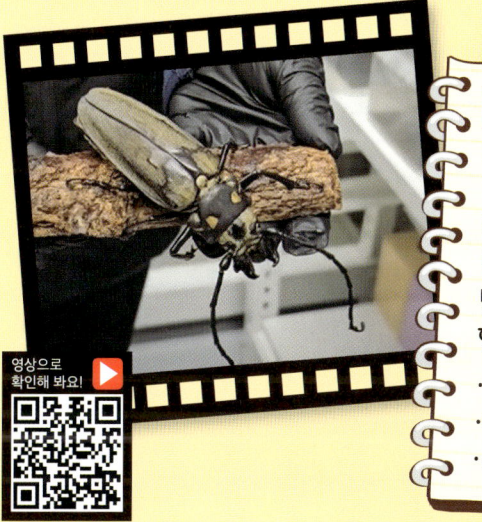

★정브르의 생물 탐구★

생물 이름: 장수하늘소

우리나라에 서식하는 하늘소 중에서 가장 거대한 종으로, 우리나라 천연기념물 제218호이자 멸종위기종이에요. 그만큼 자연에서 발견하기 힘들고, 발견하더라도 함부로 사육하면 안 돼요.

· 크기: 약 7~12cm
· 먹이: 나무 껍질, 나무 수액 등
· 사는 곳: 산, 숲 등

영상으로 확인해 봐요!

★우리나라 천연기념물 곤충★

우리나라에는 장수하늘소 외에도 천연기념물 곤충으로 제322호인 무주 일원 반딧불이와 그 먹이 서식지, 제458호 산굴뚝나비, 제496호 비단벌레가 있어요.

그중에서도 비단벌레는 가장 아름다운 딱정벌레로, 신라시대 때 왕실의 장신구로 사용되었을 정도로 문화적, 생태학적 가치가 뛰어난 종이에요.

비단벌레

6화
초대형 달팽이는 어떻게 키울까?

오늘은 엄청 큰 달팽이를 보여 드릴게요!

백와달팽이예요. 엄청 크죠?

→ 백와달팽이

백와달팽이는 상추나 곤충의 사체 등을 먹으면서 살아가요. 외래종이기 때문에 사육하다가 방생하면 안 돼요.

브린이를 위한 상식
백와달팽이는 아프리카왕달팽이 중 하나로, 색상에 따라 백와, 금와, 흑와라고 불러요. 몸집이 크고 사육 방법이 쉬워서 달팽이 중에서 반려동물로 인기가 많은 종이지요.

달팽이는 자웅동체로 암컷과 수컷의 기능을 모두 할 수 있어요. 그래서 여러 마리가 동시에 알을 낳을 수 있죠.

브린이를 위한 상식
자웅동체란 하나의 개체가 암컷과 수컷의 생식 기관을 모두 가지고 있는 거예요. 달팽이는 몸에서 분비되는 점액을 쫓아 짝짓기 상대를 찾고, 짝짓기할 때는 암수 중 하나를 선택해요.

*패각: 연체동물의 외투막에서 분비된 석회질이 단단하게 굳어서 된 겉껍데기.

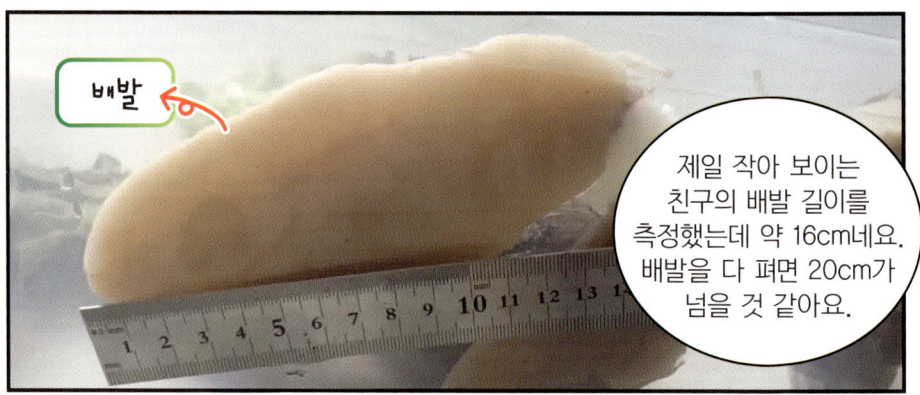

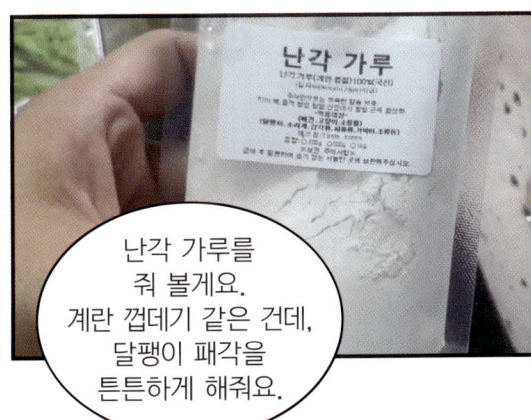

작고 귀여운 내장산띠달팽이랑 백와달팽이의 크기를 비교해 볼게요.

우아, 얘 진짜 커!

엄마와 새끼처럼 보일 만큼 크기 차이가 많이 나요.

달팽이는 큰 더듬이 끝에 눈이 있는데, 시력이 매우 안 좋아요.

눈

아삭 아삭

브린이를 위한 상식

달팽이는 연체동물에 속하며, 등에 단단한 패각(껍데기)이 있어요. 기다란 더듬이 끝에는 눈이 있는데, 시력이 좋지 않아요. 물체를 잘 볼 수는 없지만, 밝고 어두운 정도는 구분할 수 있어요.

브린이를 위한 상식

지네는 수십 쌍의 다리를 가진 절지동물로, 다리만 최대 170쌍이 넘는 경우도 있어요. 그중에서도 화이트렉 지네는 세상에서 가장 거대한 지네에 속하며, 곤충부터 파충류, 포유류까지 모두 다 잡아먹는 포식자예요.

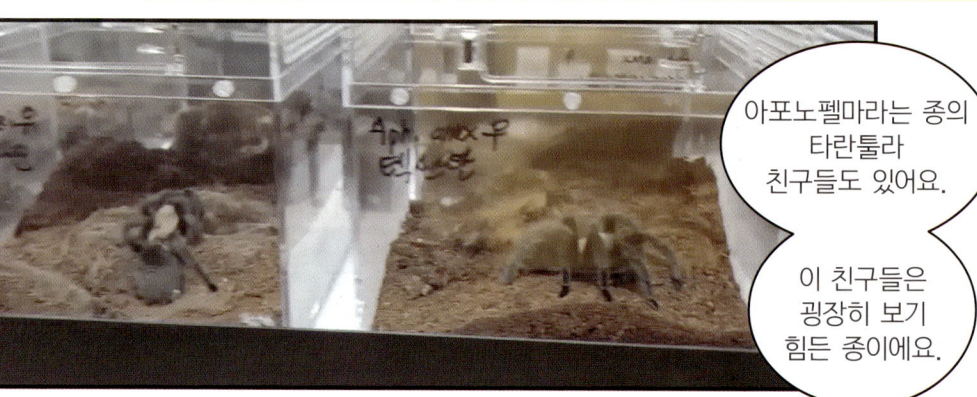

타란툴라, 전갈 등은 작은 통에서 사육할 때 안정감을 느끼고 더 잘 지내요.

타이 타이거

문 닫아!

번쩍

황제전갈

전 세계에서 가장 큰 황제전갈이에요. 이 친구는 17cm가 넘어요.

브린이를 위한 상식
황제전갈은 몸길이가 최대 20cm로, 주로 서아프리카의 열대우림이나 사바나 지역에 서식해요. 다른 전갈에 비해 독이 약한 편이에요. 국제적 멸종위기종인 사이테스 2급으로 지정되어 보호받고 있어요.

이 친구는 순해서 머리를 만져도 가만히 있어요.

쓰담

쓰담

정브르의 생물 탐구

협각류란 절지동물의 한 종류로,
거미, 전갈, 투구게 등 육식성 동물이 속해 있어요.

생물 이름: 마론

마론은 민물가재에 속하며, 검은색, 갈색, 파란색 등 색이 다양해요. 산소가 풍부하고 물이 맑은 곳에만 서식하는 등 환경에 민감하기 때문에 서식지가 다양하지 않아요.

· 크기: 약 30~40cm
· 먹이: 무척추동물, 물고기 등
· 사는 곳: 호주

★전갈과 가재는 어떻게 구분할까?★

전갈과 가재는 딱딱한 몸에 커다란 집게가 있어 얼핏 보면 생김새가 비슷해요.
하지만 자세히 보면 큰 차이가 있답니다.

전갈은 땅에 서식하는 육지 동물이고, 가재는 바다나 민물에 서식하는 수생 동물이에요. 또한, 전갈의 꼬리 끝에는 뾰족한 독침이 있는 반면, 가재의 몸에는 수영을 하기 위한 지느러미가 있지요.

전갈

가재

7화
무엇이든지 삼켜 버리는 거대 개구리

거대한 친구를 입양했어요!

큼직

이 친구의 정식 명칭은 아프리카 황소개구리인데, 보통 픽시프록이라고 불러요.

안녕?

브린이를 위한 상식

아프리카황소개구리는 수컷의 몸길이가 최대 25cm까지 자라는 거대한 개구리이며, 몸집이 큰 만큼 먹성이 좋아서 다른 개구리나 파충류, 포유류 등을 잡아먹어요.

수컷이에요. 정말 크죠?

쓰담 쓰담

나 엄청 크지?

피부가 미끄러우면서도 거칠거칠해요.

브린이를 위한 상식

아프리카황소개구리 수컷은 알에서 부화한 올챙이가 개구리가 될 때까지 지극정성으로 돌봐요. 새끼에게 위험하다고 판단되는 대상이 있으면 바로 공격하고, 새끼가 있는 웅덩이가 마르면 직접 물길을 만드는 등 새끼를 지키기 위해 열심히 노력하지요.

*성조: 다 자란 생식 능력을 가진 새.

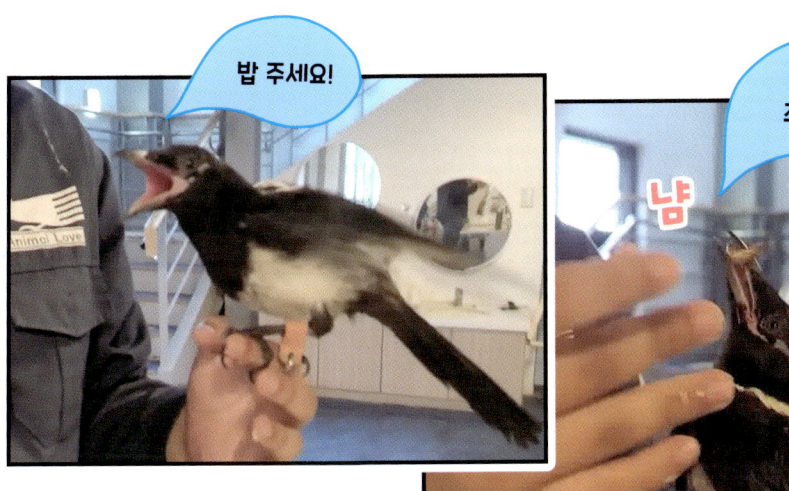

브린이를 위한 상식

그물무늬비단뱀은 독이 없어요. 대신 똬리를 틀고 몸의 근육으로 먹잇감을 조여서 사냥해요. 작은 설치류부터 큰 포유류까지 모두 잡아먹는데, 사람을 잡아먹은 사례도 있어요.

꽈 아 악

자연에서 살아 있는 동물을 사냥할 때는 이렇게 몸에 있는 근육으로 먹잇감을 꽉 조여서 죽인 후에 천천히 삼켜요.

쩌 억

그래서 생닭을 줘도 본능적으로 똑같은 행동을 하나 봐요.

무는 힘이 진짜 세서 한 번 물리면 절대 빠져 나올 수 없대요.

자기 몸집보다 큰 먹이도 삼키는 뱀

손님이 왔네?

모니터 종류 중에서 순한 편이라는 사바나모니터예요.

사바나모니터

오늘은 공룡을 닮은 친구를 만나러 왔어요!

짜잔
화이트스롯모니터
어서 와!
화이트스롯 중에서도 순혈인 케이프 밴디드 화이트스롯이에요.

브린이를 위한 상식

흰목왕도마뱀이라고도 하는 화이트스롯모니터는 주로 남부 아프리카에 서식하며, 지네나 곤충을 먹으며 살아가요. 몸에 전체적으로 흰색 무늬가 있고, 얼굴과 목 아래쪽이 밝은 색인 게 특징이지요.

이 친구가 우리나라 최초로 번식에 성공했대요!

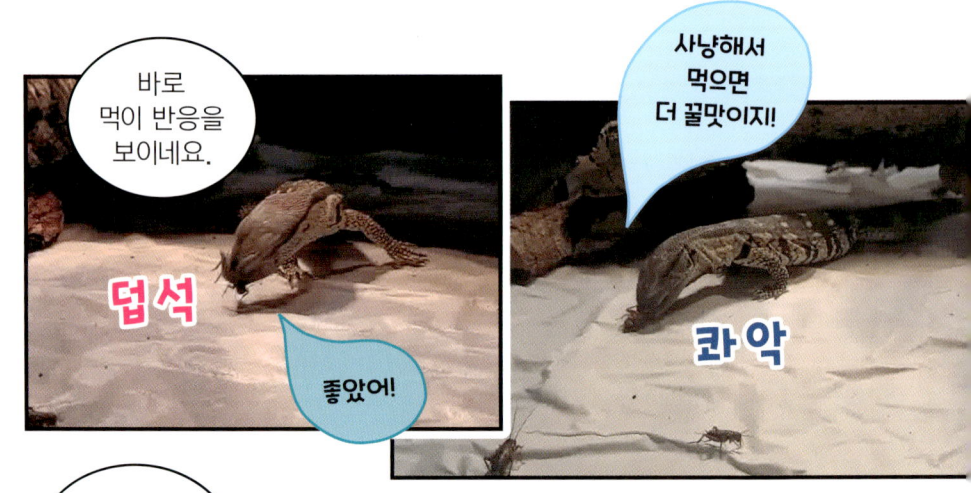

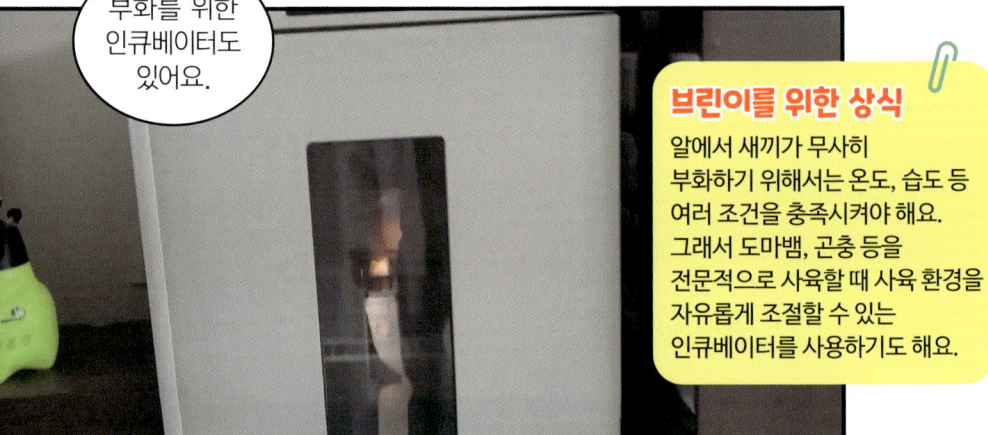

정브르의 생물 탐구

노린재목은 곤충의 한 분류로, 위험을 느끼면 몸에서 고약한 노린내가 나서 노린재목이라고 불러요.

★정브르의 생물 탐구★

생물 이름: 물장군

물장군은 우리나라 노린재목의 곤충 중에서 몸집이 가장 커요. 자기보다 큰 먹이도 잡아먹는 육식성의 포식자로, 서식지가 줄어들어 멸종위기종으로 지정되었어요.

· 크기: 약 48~65mm
· 먹이: 곤충, 작은 물고기 등
· 사는 곳: 늪, 연못, 하천 등

영상으로 확인해 봐요!

★노린재목에 속하는 곤충들★

노린재목에 속하는 곤충은 육지, 물 위, 물속 등 다양한 환경에서 살아가요.

노린재목에 속하는 소금쟁이는 물에 가라앉지 않고 물 위를 둥둥 떠다니며 생활해요. 또한, 물속에서 생활하는 장구애비는 물 위로 호흡기만 내밀어 숨을 쉬지요. 물장군, 소금쟁이, 장구애비는 모두 먹이를 사냥한 다음 체액을 빨아 먹는다는 공통점이 있어요.

소금쟁이

장구애비

알쏭달쏭 나는 누구일까요? - ①

생물의 일부분이 나온 사진과 브르의 힌트를 보고
생물의 이름을 맞혀 보세요.

1

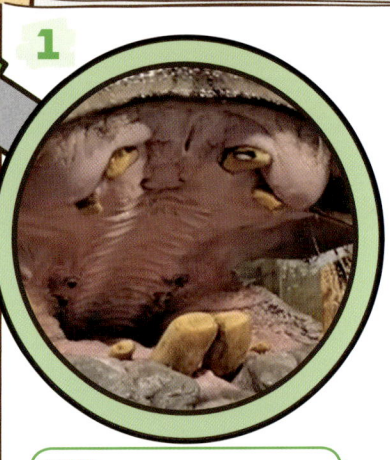

· 브르의 힌트 ·

· 오랜 시간을 물속에서 지내지만 수영을 못해요.
· 몸에서 나오는 붉은색의 분비물로 피부를 보호해요.
· 입이 150도까지 벌어져요.

정답:

2

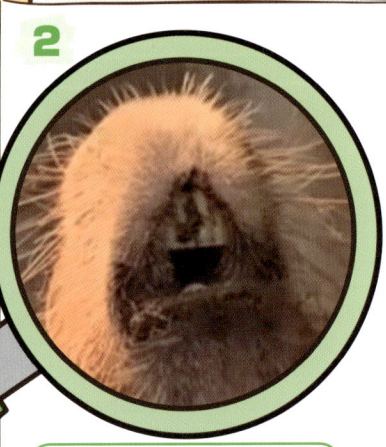

· 브르의 힌트 ·

· 세상에서 가장 큰 설치류예요.
· 물갈퀴가 있어서 물속에서 빠르게 수영해요.
· 성격이 온순하고 무덤덤해요.

정답:

3

· 브르의 힌트 ·

· 절지동물의 한 종류로, 최대 60cm 이상까지 자라요.

· 빛이 부족한 심해에 살아서 눈이 퇴화된 경우가 많아요.

· 다리가 14개 있어요.

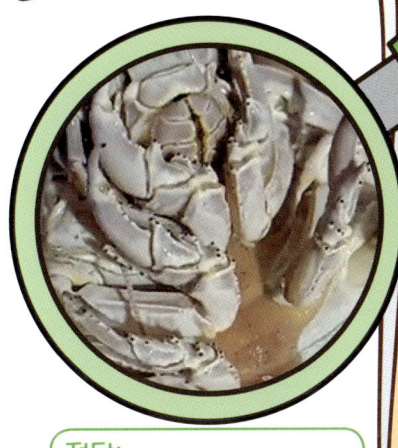

정답:

4

· 브르의 힌트 ·

· 색상에 따라 백와, 금와, 흑와라고 불러요.

· 암컷과 수컷의 생식 기관을 모두 가지고 있는 자웅동체예요.

· 더듬이 끝에 눈이 있는데, 시력이 좋지 않아요.

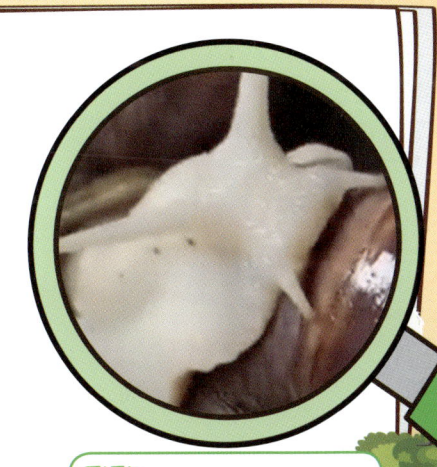

정답:

알쏭달쏭 나는 누구일까요? - ②

생물의 일부분이 나온 사진과 설명을 보고
생물 이름을 찾아 연결해 보세요.

'넓적부리황새'라고도 불리며, 커다란 부리로 큰 먹잇감도 손쉽게 먹어요.

앵무새
- 크기: 약 10~99cm
- 먹이: 열매, 꽃 등
- 사는 곳: 열대 지역

먹이를 사냥할 때 부리에 있는 커다란 주머니가 그물처럼 늘어나요.

사다새
- 크기: 약 140~180cm
- 먹이: 물고기, 새우 등
- 사는 곳: 해안, 내륙 호수

소형부터 대형까지 크기가 다양해요. 감정을 잘 느끼고, 사람의 말을 따라 해요.

슈빌
- 크기: 약 150~200cm
- 먹이: 물고기, 개구리 등
- 사는 곳: 아프리카 습지

'픽시프록'이라고도 불리며, 수컷이 새끼를 지극정성으로 돌봐요.

화이트스롯 모니터

- 크기: 최대 2m
- 먹이: 지네, 곤충 등
- 사는 곳: 남부 아프리카

'흰목왕도마뱀'이라고도 하며, 몸에 전체적으로 흰색 무늬가 있어요.

아프리카 황소개구리

- 크기: 최대 25cm
- 먹이: 개구리, 파충류 등
- 사는 곳: 사바나, 습지 등

독침이 없는 수컷은 짝짓기 이후 무리에서 쫓겨나기도 해요.

장수말벌

- 크기: 약 33~50mm
- 먹이: 참나무 진
- 사는 곳: 땅속, 나무의 구멍

정답

138~139p

1
정답: 하마

3
정답: 바티노무스 기간테우스

2
정답: 카피바라

4
정답: 아프리카왕달팽이

140~141p

앵무새

사다새

슈빌

화이트스롯모니터

아프리카황소개구리

장수말벌

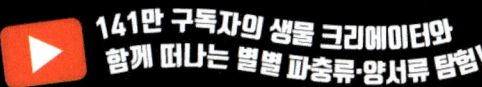

**생물인 정브르,
야생 파충류를 찾아 떠나다!
브린이를 위한 정브르의
별별 파충류 일기!**

❋ **정브르의 일기 시리즈** ❋

- 극장판 스페셜북 정브르의 동물 일기
- 정브르의 곤충 일기
- 정브르의 파충류 일기
- 정브르의 아마존 일기
- 정브르의 희귀동물 일기
- 정브르의 맹독생물 일기
- 정브르의 반려동물 일기
- 정브르의 열대동물 일기
- 정브르의 물속동물 일기
- 정브르의 별별곤충 일기
- 정브르의 정글탐험 일기

생생체험 자연관찰

생물인 정브르의
버라이어티 정글 탐험기!